Sei wie ein Leuchtturm

- Lyrik und Poesie -

Christine Reichel

Ich widme dieses Buch
Dir

IMPRESSUM

© 2021 by Christine Reichel
Illustrationen: Christine Reichel
Buchcover: Design Christine Reichel,
Bild istockphoto (cybrain)
Herstellung und Verlag: BoD – Books on Demand, Norderstedt

1. Auflage: Dezember 2021

Bibliografische Information der Deutschen Nationalbibliothek:
Die Deutsche Nationalbibliothek verzeichnet diese Publikation in der Deutschen Nationalbibliografie; detaillierte bibliografische Daten sind im Internet über http://dnb.dnb.de abrufbar.

ISBN: 9783753499086

Du erreichst mich unter:
Facebook: Christine Reichel
Instagram: christine.anna.reichel
bzw. Christine Reichel Lyriks
YouTube: Christine Reichel

Inhaltsverzeichnis

DANKSAGUNG

Als allererstes möchte ich mich bei meiner Familie bedanken, die immer hinter mir steht - egal was ist.

DANKE an meinen Mann Klaus. Schön, dass wir immer über alles reden können und dass du mir v.a. immer dann den Rücken freihältst, wenn ich kreative Schreibphasen habe.

DANKE an meinen Sohn Toni. Du bist für mich ein großes Vorbild; denn du bist so voller Leichtigkeit, Ausgeglichenheit und Lebensfreude. Ich liebe es, ganz viel quatsch mit dir zu machen. 😊

DANKE an meine Schwiegermama. Danke, dass du immer ein offenes Ohr für mich hast und wir immer über alles reden können.

DANKE an meine Eltern und Geschwister. Ich hab euch sehr lieb.

DANKE an alle Menschen, die in mein Leben eintreten und bereits eingetreten sind. Hierzu besonderen Dank an alle meine Freunde. Schön, dass es euch gibt! Fühlt euch gedrückt.

DANKE an meine liebe 84-jährige Brieffreundin Helga. Es macht viel Freude, regelmäßig mit dir Briefe hin und her zu schreiben. Du bist ein wahrer Goldschatz.

Irgendwo, aber hoffentlich ganz in meiner Nähe, meine allerbeste Freundin Gloria. Ich hoffe, wir sehen uns eines Tages wieder! R.I.P. lieber Engel.

DANKE an meinen Musikproduzenten Reiner. Wie schön, dass wir uns „zufällig" kennengelernt haben. Ich bewundere deine musikalische Kreativität und deinen Ehrgeiz. Toll, dass du immer mit viel Geduld und Hingabe am passenden Arrangement für meine Songs bastelst.

DANKE an das Buchdruckteam von Books on Demand.

Und zu guter Letzt: DANKE an Dich, liebe/r Leser/in, dass du dieses Buch hier soeben erwartungsvoll in Händen hältst. Ich hoffe, dass es dich auf die eine oder andere Weise fröhlich bereichert. ☺

Ich habe Träume, Pläne, Ziele
Eine ungefähre Ahnung, wohin meine Reise führt
Doch das Wichtigste, was für mich zählt,
ist der Schritt, der mein Tun im Augenblick berührt

VORWORT

Wir versuchen so vieles zu verstehen; aber verstehen beinhaltet immer nur ein Teil der Wahrheit. Die GANZE Wahrheit finden wir in unserem SEIN. Außerhalb unseres Verstehen Wollens und Denkens.

Unser Sein befindet sich außerhalb unseres Verstandes - also dort, wo kein Denken über die Zukunft oder die Vergangenheit stattfindet. Das SEIN liegt im AUGENBLICK! Da, wo man sich voll und ganz dem gegenwärtigen Moment hingibt - OHNE zu denken!

Mache dir bewusst: Alles ist nie Vergangenheit oder Zukunft; aber alles geschieht immer JETZT! Alles kann nur im jetzigen Augenblick stattfinden!

Wenn du mit dem Jetzt, also dem Moment verschmelzt, dann kannst du die schönsten Dinge des Lebens erfahren: Dich selbst, die Liebe, das Leben, den Frieden, die Kreativität, die Dankbarkeit und die Leichtigkeit.

... Eines der größten Probleme der Menschheit ist es, dass wir mit unseren Gedanken entweder ständig in der Zukunft oder in der Vergangenheit umherkreisen. Wie oft passiert DIR das? Mir passiert das (noch) sehr oft...

JA, es ist GUT, dass wir einen Verstand haben, der uns hilfreich zur Seite steht. Natürlich sollten wir ihn auch hin und wieder gebrauchen. So wie ein Werkzeug, auf welches wir bei Gelegenheit zurückgreifen können.

Jedoch ist es so, dass bei den allermeisten Menschen das ständige Denken so extrem ist, sodass es schon krankhaft ist. Gedankenfluten kommen und gehen und können nicht mehr ausgeschalten werden. All dies kann zu körperlichen Krankheiten wie z.B. Herz-Kreislauf-Erkrankungen, Migräne, Rückenschmerzen oder Krebs führen. Aber es kann auch zu psychischen Erkrankungen wie z.B. Mangelgefühlen, Angstzuständen oder Unzufriedenheit (bis hin zur Depression) führen.

Besonders in der heutigen Zeit soll alles immer höher, schneller, weiter gehen. Wir hetzen hier und dort umher, aber finden kaum noch Zeit für uns. Wir erledigen zwar eine Menge Dinge, aber viele Menschen fühlen sich dennoch unzufrieden oder gar leer. Über viele Jahre hinweg haben wir uns Stress und Hektik antrainiert. Zudem werden wir von so vielen Medieneinflüssen wie noch nie berieselt. Radio, Fernseher, Smartphone und sämtliche soziale Netzwerke, die die meisten von uns tagtäglich rund um die Uhr begleiten.

Doch was wir vermutlich alle vielmehr bräuchten, wäre RUHE!

Verschmelze daher - so oft es dir möglich ist - mit der Präsenz deiner Gegenwärtigkeit!

Dies kannst du dir (wieder) antrainieren, indem du z.B. bewusst auf deine Atmung achtest. Oder indem du beim Treppensteigen genau deine Schritte wahrnimmst. Oder indem du beim Duschen oder Händewaschen auf den Geruch der Seife achtest, oder auf das Gefühl des Wassers auf der Haut.

Was ich regelmäßig tue und mir guttut, ist, wenn ich mein Essen vor der Mahlzeit mit Licht und Liebe segne. Ich stelle mir vor, dass aus meinen Händen - welche ich über meinen Teller mit dem Essen halte - Licht und Liebe ausstrahlt. Ich halte so für einen ruhigen Moment inne. Das ist wie eine kurze Meditation. Gerne kannst du das auch einmal ausprobieren. Du wirst sehen, dass du bewusster, langsamer und dankbarer isst!

... Mit meinen Songs und Gedichten möchte ich dir die Kraft des Seins, also die Kraft deiner Gegenwärtigkeit, vermitteln. Meine Texte gehen weg von Bewertungen, Druck, Stress und Vorurteilen. Hin zu mehr Liebe, Freude, Dankbarkeit und dem Erkennen deiner Vollkommenheit!

Auf meinem YouTube-Kanal *Christine Reichel,* kannst du dir ein paar Songs, die du auch im Buch als Text findest, anhören. Wenn du Songs vom mir nachspielen möchtest, kannst du das liebend gerne tun. Ich würde mich sogar sehr darüber freuen!

Jedoch wäre ich dazu über eine Rücksprache mit dir erfreut. Dies kannst du am besten unter <u>tine.reichel@web.de</u> tun.

Unter meiner E-Mailadresse, sowie Facebook- und Instagram-Seite, kannst du mir außerdem jederzeit gerne einen lieben Gruß oder ein Feedback hinterlassen. Noch schöner wäre es, wenn wir uns vielleicht auch einmal in echt kennenlernen.

Wenn dir das Buch gefallen hat, würde ich mich riesig über eine nette Bewertung bei Amazon, Weltbild, Hugendubel, Thalia, etc. freuen. So können wir gemeinsam, aufbauende Worte und Zusammenhalt noch besser in diese Welt hinaustragen!

Jetzt wünsche ich dir aber erst einmal eine GUTE Zeit und ganz viel FREUDE beim Lesen! 😊

Alles Liebe,

Christine

Alles was ich will

Ich möchte keine hochtrabenden,
philosophischen Texte schreiben
Alles was ich will, ist Mut und Freude verbreiten

Einfache Texte, mit einfachen Worten
Weg von Stress und dem Kummer von morgen
Außerdem will ich, dass du erkennst, wie schön du bist
Innen wie außen - da ist nichts, was man vermisst
DU bist DU und so bist du genial
Perfekt und einzigartig, phänomenal

Mein Herz brennt dafür, um dir all das zu sagen
Mach dir das Leben nicht zu schwer
und fang an Liebe rauszutragen

Strahle wie ein Leuchtturm, hoch und weit
Freu dich des Lebens, denn jetzt kommt die beste Zeit!

Was heißt es zu SEIN?

Was heißt es zu SEIN?
Ich höre oft davon…
Was muss ich dafür tun,
damit ich es bekomm?!

Zu SEIN heißt JETZT!
Du bist im Augenblick
Du denkst nicht an gestern oder morgen,
sondern spürst im Jetzt dein Glück

Zu SEIN heißt JETZT!
Und das heißt auch zu lieben
Ohne Forderung und Bitten,
sind wir einander im Frieden

Zu SEIN heißt JETZT!
Und das heißt auch Bewusstheit
Für mich und die andern,
in Empathie und Herzlichkeit

Zu SEIN heißt JETZT!
Und das heißt auch Freiheit
Lebendig und grenzenlos,
vergisst du Raum und Zeit

Zu SEIN heißt JETZT!
Und das heißt in sich zu ruhn
Sich selbst ganz anzunehmen,
ohne was dafür zu tun

Zu SEIN heißt JETZT!
Und das heißt auch zu leben
Fröhlich und leicht,
der Sonne entgegen

Zu SEIN heißt JETZT!
Und das heißt sich selbst zu lieben
Authentisch und echt,
ohne sich zu verbiegen

Um gegenwärtig zu werden
musst du überhaupt nichts verstehn
Nehm einfach den Moment an, so wie er ist
und du wirst die allerschönsten Wunder sehn

PERFEKT

(Songtext)

Du zweifelst oft an dir, an dir und deinem Leben
Fühlst dich unvollkommen, bleibst an alten Wunden kleben
Blickst in den Spiegel, kannst dich selbst nicht ertragen
Und ich liebe dich, konntest du noch nie zu dir sagen

Kleines sei nicht traurig, heb deinen Blick nach vorn
Vergess deinen Kummer, dein Groll und dein Zorn

Du bist PERFEKT, genau wie du bist!
Du bist PERFEKT, nichts dass man vermisst!
Du bist das Leben und die Liebe dazu
Du bist die Freiheit, ja das alles bist DU!

Fühlst dich missverstanden, einsam und zurückgelassen
Und du fängst an zu grübeln und dich selbst zu hassen
Vergleichst dich mit den andern, bist dir nicht genug
Und du suchst im Außen, doch du weißt, das ist Selbstbetrug

Kleines sei nicht traurig, heb deinen Blick nach vorn
Vergess deinen Kummer, dein Groll und dein Zorn

Du bist PERFEKT, genau wie du bist!
Du bist PERFEKT, nichts dass man vermisst!

Du bist das Leben und die Liebe dazu
Du bist die Freiheit, ja das alles bist DU!

Pfeif auf blödes Gerede - es ist nicht dein Niveau
Pfeif auf Schönheitsideale - ist doch nur Fassade

Kleines sei nicht traurig, in dir steckt so viel mehr
Glaub an deine Kraft, sie ist groß wie das Meer

Du bist PERFEKT, genau wie du bist!
Du bist PERFEKT, nichts dass man vermisst!
Du bist das Leben und die Liebe dazu
Du bist die Freiheit, ja das alles bist DU!

Du bist PERFEKT, genau wie du bist
Du bist das Leben, ja das alles bist DU!

Welch Schönheit du trägst in deinem Seelenkleid
Welch unendliche Liebe du bist, in deiner Vollkommenheit!

Deine Traum-Sehnsucht

Tief in dir gibt es einen Traum
Eine Sehnsucht, die zu dir die Wahrheit spricht
Versuche zu spüren, welcher Traum es ist
Was liegt tief in dir, dass du vermisst?

Welche Bilder nimmst du vor deinem inneren Auge wahr?
Welcher Traum, legt sich dir dar?
Ganz egal, ob Arbeit, Familie oder Lebenssituation
- was hast du für eine Traumvision?

Blende aus, was dich im Alltag hindern könnte
diesen Traum zu leben!
Spüre, wonach deine Sehnsucht strebt
- woran bleibst du kleben?

Die Sehnsucht ist immer das Gefühl der Wahrheit
Und die Wahrheit in dir,
entspringt immer aus der Wirklichkeit
Die Wahrheit zeigt dir den Energiefluss deiner Seele
und deiner Bedürfnisse
Was läuft da ab,
in deiner inneren Filmkulisse?

Wonach sehnst du dich?
Und was hindert dich, deine Sehnsucht zu leben?
Ist es dein Verstand, der dir sagt,
du darfst dich deinen Bedürfnissen nicht hingeben?

Möchte dir dein Verstand einreden,
dass du Sicherheiten brauchst, um deinen Traum umzusetzen?
Versucht dich dein Verstand, mit Angst zu besetzen?

Gehst du einer Arbeit nach, nur weil du sie erlernt hast
- oder weil du sie von Herzen liebst?
Liebst du deine/n Partner/in?
Oder ist es eine Beziehung,
bei der du nur aus Gewohnheit mitspielst?
Und dann sind da ja noch die Kinder,
das Auto, das Haus, das Geld
und möglicherweise, all die lästernden Menschen
aus deinem Umfeld
....

In der Dualität mag es Widerstände und Umstände geben
Konflikte, die dich daran hindern, deinen Traum zu leben
Verlust- und Existenzängste
halten dich in den Fesseln der Enge
Doch vielmehr zieht sich auch deine Unerfülltheit in die Länge

Daher: TRAU DICH!
Leb deine Träume und deine Sehnsüchte aus
Werde aktiv und komm mit Freude aus dir heraus
Die notwendigen Energien werden dich führen und begleiten
Sie werden dich stärken und den neuen Weg mit dir bestreiten

Lasse den Traum der Wirklichkeit,
Stück für Stück in dir reifen und gedeihen
Setz dich nicht unter Druck, dich von heute auf morgen,
von deiner Arbeit, deiner Beziehung
oder sonstigem zu befreien

Alles, was du zum Leben brauchst,
wird dir deine Traum-Sehnsucht sagen
TRAU DICH - hab keine Angst,
die nötigen Energien werden dich begleiten und tragen

Deine Sehnsucht spricht IMMER die Wahrheit,
sie zeigt dir den Weg
Hab vertrauen; ein bisschen Mut
und dann leb!

Halt an deinen Träumen fest

(Songtext)

In dir lebt ein großer Traum, mit 'ner Menge Fantasie
Die Leute um dich sagen, vergiss es, das schaffst du nie
Doch in deinem Kopf malst du dir alles aus,
die besten Gefühle wollen raus

Darum sei wie ein Leuchtturm, aus dem das Licht erstrahlt
Wie ein Liebespionier, der die Welt noch bunter malt
Und ganz egal was die andern, es ist nicht dein Problem
Halt an deinen Träumen fest, das Leben ist so wunderschön

Was du denkst und was du fühlst, das ziehst du auch an
Folg immer deinem Herzen, tu es JETZT und nicht irgendwann
Und was passieren soll, das wird geschehn
Hab vertrauen, du wirst sehn

Sei wie ein Leuchtturm, aus dem das Licht erstrahlt
Wie ein Liebespionier, der die Welt noch bunter malt
Und ganz egal was die andern, es ist nicht dein Problem
Halt an deinen Träumen fest, das Leben ist so wunderschön

Und du glaubst nicht an Wunder?
Na, dann schau dich mal an!
Es ist so vieles möglich, in Liebe und ohne Zwang!

Sei wie ein Leuchtturm, aus dem das Licht erstrahlt
Wie ein Liebespionier, der die Welt noch bunter malt
Und ganz egal was die andern, es ist nicht dein Problem
Halt an deinen Träumen fest, das Leben ist so wunderschön

Und ganz egal was die andern, es ist nicht dein Problem
Halt an deinen Träumen fest, ja dann wird's auch geschehn!

Leuchtturm

Lass dich vom Flügelschlag der Engel berühren
Lass dich von den Energien deines Herzens führen
Heb dich groß und stark wie ein Leuchtturm empor
Leuchte hinauf bis zum Himmelstor

Erkennen, Fühlen, Anerkennen

Dein **Erkennen** und **Fühlen**, von dem, wer du wirklich bist,
lässt großen Druck des Wollens aus dir weichen

Dein **Anerkennen**,
dass ein jeder Mensch, denselben göttlichen Kern in sich trägt,
wird dir die Hand des Vergebens reichen

Nur noch Licht und Liebe

(Songtext)

Ich will keine Marionette sein
Am seidenen Faden auf verlorenen Pfaden
Ich will nicht irgendwie nur funktionieren
Mich selbst und meine Träume verlieren

Ich hab keine Lust auf Frust und Streiterein
Alles was ich will, alles was ich will
Ist nur noch Licht und Liebe sein

Komm, lass uns die Welt zum Leuchten bringen
Lass uns dieses Lied in Chören singen
Und ist dein Friedensfunken noch so klein
Lass uns einfach Licht und Liebe sein

All die Fehler der Vergangenheit
Hab ich dich verletzt, es tut mir leid
Lass uns vergessen was früher mal war
Heut hab ich draus gelernt und mir ist klar

Ich hab keine Lust auf Frust und Streiterein
Alles was ich will, alles was ich will
Ist nur noch Licht und Liebe sein

Komm, lass uns die Welt zum Leuchten bringen
Lass uns dieses Lied in Chören singen
Und ist dein Friedensfunken noch so klein
Lass uns einfach Licht und Liebe sein

Stell dir vor, es ist Krieg und keiner geht hin
Du trägst die Verantwortung, gibst den Dingen einen Sinn

Kannst „Ja" sagen oder „Nein"
Du kannst alles ändern, du kannst alles ändern
und nur noch Licht und Liebe sein

Komm, lass uns die Welt zum Leuchten bringen
Lass uns dieses Lied in Chören singen
Und ist dein Friedensfunken noch so klein
Lass uns einfach Licht und Liebe sein

Welt im Wandel

Lasst uns aufhören einander zu bewerten
Jeder ist wie er ist
Wir sind alle Weggefährten

Niemand ist besser oder schlechter
Tief im Innern
sind wir alle Liebesverfechter

Lasst uns in der Liebe des Einsseins verstehn
und gemeinsam neue Wege gehn
Lasst uns in der Liebe des Einsseins vertraun
und gemeinsam neue Brücken baun

Lasst uns akzeptieren, jeder so wie er ist
Niemand ist fehlerfrei, jeder baut mal Mist
Alles ist im Wandel, wir lernen jeden Tag dazu
Die Welt ist im Wandel - auch ICH und DU

Lasst uns verzeihen, ganz egal was war
Wir sind alle **Licht und Liebe**
- so viel ist klar!

Alte Glaubensmuster

Alte Glaubensmuster fangen an mich zu lähmen
Aufkochende Gefühle reizen mich zu Tränen
Immer wieder steh ich mir selbst im Weg
Immer wieder ist´s der gleiche Mist, über den ich mich aufreg

Wegen Kleinigkeiten fahr ich aus der Haut
Hab mich nicht unter Kontrolle und werde furchtbar laut
Kann dann selbst nicht verstehn, was mit mir passiert
Und was in mir, so sehr die Fassung verliert

Ich fühl mich klein, lass mich zum Opfer machen
Das Unbewusstsein fängt an zu toben und krachen
Ich lass mich zu sehr von der Vergangenheit bestimmen
Von Wörtern und Sätzen, die wieder in meinem Kopf erklingen

Bin aufbrausend, außer Rand und Band
Fahr mit 180 gegen die Wand
Ich mach mich klein; habe Komplexe
Seh mich als Opfer, als der/die Verletzte

Wär ich im Jetzt, würde das nicht passieren
Dann wär ich bewusst und würd mit Liebe agieren
Wär ich bewusst, dann könnte ich sehn,
das was ist, ist gar kein Problem…

Doch mein Ego hat mein Herz besetzt,
drum fühl ich mich manchmal so verletzt
Ich leb nicht im Jetzt, ich lass altes dominieren
und mein Verstand fängt an zu rebellieren
Komplexe entstehen, die Katastrophe entfacht
Wegen alten Dingen bin ich total aufgebracht

**Würd ich mich ab und zu selbst beobachten und reflektieren,
dann wär ich im Jetzt und dann würd die Liebe regieren!**

Unbewusstheit Schmerz

Schmerz kann nur in deiner Unbewusstheit existieren
Im Licht der **Gegenwärtigkeit**, wirst du ihn verlieren
In der **Präsenz** bist du weder das Opfer, noch dein Schmerz
Im **Jetzt** bist du nicht in deinem Ego,
sondern in der Fülle deines Herz`
Im **Jetzt** bist du Frieden und Bewusstsein
und hier
fließt nur Licht und Liebe in dich hinein!

Form und Raum

Dein Leben ist vollgestopft mit Dingen:
Materielle Dinge, Dinge zu tun, Dinge zum Nachdenken
Irgendwie scheinst du alles zu haben
Aber nichts von alldem kann dir tiefste Freude schenken

Jeden Tag läufst und läufst du - bist wie in `nem Hamsterrad
Du gibst alles; aber du findest weder dein Ziel
und erst recht nicht deinen Start

Ständig identifizierst du dich und dein Leben mit Dingen
Doch all das sind Formen
und diese halten immer an deinem Ego fest
Ein jede Situation, die du mit gut oder schlecht beurteilst,
ist ein Ereignis, welches dich auch wieder verlässt

Sobald du dir der Vergänglichkeit dieser Formen bewusst bist,
wirst du dich nicht mehr so stark mit ihnen identifizieren
Du klammerst dich nicht mehr so fest daran
und daraufhin
wirst du mit noch viel größerer Freude reagieren

Wenn du die Unbeständigkeit aller Dinge erkennst
und dass alles der Veränderung unterworfen ist,
dann erkennst du, dass all das Form ist

Aber es ist nicht das, was DICH ausmacht
- nicht dass, was du selbst bist!

Form ist die Welt - DU SELBST bist dein innerer Raum
Fühl deine innere Präsenz, dein Himmelreich
Nichts auf der Welt, kommt deiner inneren Schönheit gleich

Führe einen Tanz
zwischen den Dimensionen von Form und inneren Raum
Dadurch wird vieles schöner und leichter
und aus dir erquickt ein wohliges Gefühl
von Frieden und Vertraun

Verschaff dir Raumbewusstsein
Eine hintergründige Bewusstheit in dir drin
Spüre eine wache, innere Stille, die dich begleitet,
zur Glückseligkeit des Lebens hin

Nehm Form und Materialismus an,
aber lass sie vordergründig stehn
Tauch ab in deinen inneren Raum,
wo wahre Wunder geschehn
Spür den tiefen Frieden, der nicht von dieser Welt ist
(Denn die Welt ist Form und der Friede ist Raum)
Spür den Frieden Gottes, der du selbst in dir bist

Befreie dich aus deiner eigenen Gefangenschaft
Identifiziere dich nicht länger mit Formen und Dingen
Spür in dich hinein
und lass deine Herzensstimme als Symphonie erklingen

Stell der Welt keine unvernünftigen Forderungen
nach Erfüllung, Glückseligkeit und Sicherheit
All das kann dir die Welt nicht geben
Streich diese Erwartungen endlich aus deinem Leben

Alles Leiden entsteht durch Überbewertung jeglicher Form
und der Blindheit
gegenüber der Dimension zu deinem inneren Raum
Sobald du deinen inneren Raum betrittst,
kannst du dich an Dingen, Erfahrungen und Sinnesgenüssen
noch *viel mehr* erfreuen
- so wie einst in deinem schönsten Traum

Du wirst weder abhängig, noch wirst du dich darin verlieren
Und erst wenn du anfängst,
dein Leben im Inneren zu respektieren
Erst dann kannst du all die gefühlte Liebe und Glückseligkeit
auch im Außen manifestieren!

Vergänglichkeit

Alles ist vergänglich, alles geht vorbei
Jedes Glücksgefühl, jede Reiberei
Ich lass alles los - jede Emotion
Jeden Schmerz, jede Sensation
Ich schau wie jede Höhe und Tiefe Raum entfachen
und wie ein innerer Friede, in mir beginnt zu erwachen

Ich lass alles los, leiste keinen Widerstand
Hab grad eine neue Dimension erkannt
Ich lass alles los und erfahr dadurch mich
Ich erkenn, alles ist vergänglich
- nur ich selbst bin ewiglich

Die kleinen Astronauten

(Songtext)

Ich lieg im Gras und blick hoch in die Ferne
Das Himmelstor über mir, malt tausende Sterne
Dann schließ ich meine Augen und träum von dir
Du kommst vorbei mit Engelsflügeln
- wie ein Liebespionier

Ehe ich mich verseh, gibst du mir ein` Raketenschub
Und schon wag ich mit dir, unsern Höhenflug

Wie kleine Astronauten schweben wir umher
Grenzenlos und federleicht, gar nichts fällt uns schwer
Raus aus der Dimension von Raum und Zeit
Rein in die Galaxie der Unendlichkeit

Wir fliegen am Mond und den Sternen vorbei
Keine Last auf unsern Schultern, sorgenlos und frei
Wir wollen nichts beweisen, alles erreicht
Jede Sehnsucht, die eben noch war
- jetzt wie ´ne Staubwolke weicht

Wie kleine Astronauten schweben wir umher
Grenzenlos und federleicht, gar nichts fällt uns schwer

Raus aus der Dimension von Raum und Zeit
Rein in die Galaxie der Unendlichkeit

Von hier oben betrachtet
sieht jedes Problem auf Erden so winzig aus
Aus der stillen Weite löst sich vieles in Luft auf!
Wir haben keine Angst zu falln, wir werden getragen
Hast du nicht auch Lust, den Höhenflug zu wagen?!

Wie kleine Astronauten schweben wir umher
Grenzenlos und federleicht, gar nichts fällt uns schwer
Raus aus der Dimension von Raum und Zeit
Rein in die Galaxie der Unendlichkeit

Sinnsucher

Bestimmt hast du dich schon gefragt, was dein Lebenssinn ist
Und bestimmt hast du dich gefragt, wozu du berufen bist

Du willst was Besondres tun, doch du weißt nicht was
Du grübelst und grübelst, ist´s vielleicht dies oder das?

Du willst was Besondres tun, um wer Besondres zu sein
Du grübelst und grübelst, doch keine Antwort fällt dir ein

Du stresst dich auf der Arbeit und zu Hause dazu
Du willst überall der/die Beste sein,
aber Erfüllung tritt nicht ein

Ich habe mich auch schon oft
nach meinem Lebenssinn gefragt
Auch ich wollt was „Besondres" tun,
um wer „Besondres" zu sein
Drum hab ich alles gegeben
- mich zutiefst dafür geplagt
Aber ich merkte, es lies mich nicht befrein
Vielmehr fühlt´ ich mich allein

Oft dachte ich noch mehr zu tun
Mit noch mehr Mühe und Perfektion

Ich dachte nicht mich auszuruhn
Denn ich hoffte, irgendwann käm´ die Erfüllung schon

Wir haben gelernt,
nur harte Arbeit wird belohnt
Ja, so dachte ich auch
Ich blieb dieser Ansicht nicht verschont

Mein Blatt hat sich heute gewendet
Ich setz mich nicht mehr unter Druck
Hab das MÜSSEN in mir beendet

Ich weiß, ich bin **vollkommen**
Schon genauso wie ich bin
Ich muss rein gar nichts tun,
denn ich **BIN** bereits mein größter Sinn

Heut lebe ich, so gut ich kann
in Liebe, Freude, Leichtigkeit
Denn erst wenn ich glücklich bin,
zeigt mir das Leben die Wunder dieser Zeit
und all die Fülle in mir drin

Muss es einen Sinn dafür geben,
die Poesie in mir zu leben?
Ehrlich gesagt, es ist mir egal

Ich will mich nur meinem Gefühl hingeben!

So, wie kleine Kinder Löcher buddeln,
einfach „nur" zur Freude
Sie denken nicht an einen Sinn
Sie leben ihr Herz - im Jetzt und Heute

Tu, was du liebst, ganz egal was es ist!
Hauptsache, es macht dir Freude!

Das ist für mich der Sinn und die Besonderheit!

Leben wie ein Kind

Ich schaue mir die Kinder an
Da gibt es so viel, was ich von ihnen lernen kann
Die Lebensfreude, die Leichtigkeit,
das Verzeihen und die Ehrlichkeit
Das Toben, das Lachen, das Tanzen im Wind
Heut leb ich den Tag - so wie ein Kind

Make No Fake
(Vergess nicht, wer du wirklich bist!)

Wie oft hast du den Gedanken,
ich muss noch dies und das erreichen,
ehe ich mich ausruhen kann

Wie oft hast du den Gedanken,
wenn ich erst mal im Ruhestand bin,
dann fang ich so richtig zu leben an

Wie oft hast du den Gedanken,
wenn ich erst gesund bin,
dann werd ich glücklich und zufrieden sein

Wie oft hast du den Gedanken,
wenn ich erst genug Geld verdient habe,
dann blick ich glücklich drein

Wie oft hast du den Gedanken,
erst wenn ich dies und das tue,
dann werd ich auch geliebt

Wie oft hast du den Gedanken,
bestimmt geht es mir besser,
wenn man meine guten Taten sieht

Wie viele solcher Gedanken und Pflichten
meinst du erledigen zu müssen?
Und wie oft wurde dir von deinen Eltern erzählt,
du bist erst *wer*, mit guten Abschlüssen?

„Erst, wenn du gute Noten und einen guten Beruf hast,
dann bringst du's zu mehr!
Erst durch harte Arbeit und Fleiß,
bist du wer!"

......

Vielleicht hast du von Menschen gehört,
die scheinbar *alles* haben
und trotzdem nicht glücklich sind
Und vielleicht hast du von Obdachlosen gehört,
die scheinbar *nichts* haben,
aber deren Leben dennoch freudig schwingt

Was brauchst DU tatsächlich, um erfüllt und glücklich zu sein?
Wie oft trägst du 'ne Maske und lebst nur nach dem Schein?

Wie oft zeigst du im Außen ein Gesicht, das nicht deines ist?
Und zu welcher Gelegenheit bist du so, wie du wirklich bist?

Wie oft gehst du auf die Arbeit und gibst vor glücklich zu sein?
Doch wie oft ist das Fake
und du würdest lieber heulen und schrein?

Macht es dich glücklich, all dies und jenes zu tun?
Und hast du auch mal Zeit, dich auszuruhn?

Sei dir gewiss, du bist immer dein eigener Schöpfer
Du darfst alles, aber du musst auch nichts
Du trägst die Verantwortung für dich und dein Leben
Du bist dein eigener Gestalter und der Träger des Lichts!

Du musst niemandem irgendetwas beweisen
- außer vielleicht dir selbst!

Der Moment

Das Gefühl, nicht sein zu dürfen, so wie du bist
All deine Nöte und Sorgen des Alltags,
sie zeigen dir, dass du vergisst
Ja, oftmals vergisst du, wer du wirklich bist
Dann fühlst du dich ungenügend und meinst, es wird besser,
wenn du dich an Dingen misst

Zieh den Schleier des Vergessens zurück
und erkenne deine Vollkommenheit
Wenn du um deine Vollkommenheit weißt,
dann empfindest du nur noch Glückseligkeit

Keine Nöte, keine Sorgen, kein Gefühl nicht zu genügen
Keine Ängste, kein Druck und kein Stress, die dich betrüben

Bereits EIN EINZIGER Augenblick in der Stille,
führt dich in den Einklang und zeigt dir
deine grenzenlose Fülle

Nur durch einen Moment in der Stille,
fällt der Schleier und du erkennst,
du bist so viel mehr - so viel mehr,
als nur deine äußere Hülle

Dieser eine Moment, er zeigt dir
deine Liebe, Kraft und Ausgeglichenheit
und führt dich zurück,
in die ursprüngliche Energie deiner Göttlichkeit

Geh ins Jetzt - in den Moment
Spüre wie jeglicher Stress aus dir weicht
und wie dich ein wohliges Gefühl
von tiefem Frieden erreicht

Meditation

Schließ deine Augen
Geh in den Augenblick der Stille
Gebe dich dem Gefühl des Einsseins hin
und erfahr deine grenzenlose Fülle

Atme tief ein und aus
Überflute deinen Körper mit Licht
Fühl die Wärme und Energie
und all die Liebe, die aus dir ausbricht

Vertrauen

Egal was passiert,
vertrau aufs Universum

Und wenn du denkst,
dass gar nichts passiert - alles ist stumm
VERTRAUE
Vertraue aufs Universum!

Lass alles los, was dich bekümmert,
was dich sorgt und dich betrübt
Vertraue auf Universum,
und dass sich alles,
Stück für Stück zusammenfügt!

Blatt im Wind

Neuer Tag, neues Glück
Ich schau nur nach vorn,
nie mehr zurück

Ich lass mich treiben,
wie ein Blatt im Wind
Leicht und schwerelos vertrau ich,
dass ich meinen Weg find

Ich lass mich treiben,
im Tanz des Lebens
Ich tu was ich lieb
und weiß, nichts ist vergebens

Ich vertrau darauf,
was kommt - was geht
Wie ein Blatt im Wind,
das sich grad auf mich legt!

Nicht bewerten

Jeder hat 'ne andere Wahrheit, die er in sich trägt
Jeder ist von seinen Glaubensmustern
und seinen Erfahrungen geprägt

Ohne den andern richtig zu kennen,
sollten wir uns nicht in Vorurteilen verrennen
Wir sollten einander achten, lieben und ehren
und immer schön vor dem eigenen Teppich kehren

Jeder hat andere Erkenntnisse und 'ne andere Weltsicht
Jeder hat andere Träume, andere Prioritäten
und ein anderes Lieblingsgedicht
Geschmäcker sind verschieden und wir eben auch
Und nur weil du was tust oder has(s)t,
heißt es nicht, dass ich das auch so brauch

Wir sollten einander nicht bewerten oder etikettieren
Die Entscheidungen eines jeden, gilt es zu akzeptieren!

Liebesrevolution

Wir brauchen keine Gewalt und sinnloses bekriege
Die Lösung bei Problemen, liegt immer in der Liebe

Hört auf euch zu hassen und hört auf euch zu bekriegen
Sucht die Schuld nicht bei den andern,
in euch drin, da liegt der Frieden!

Seid Vorbild für euch selbst und die nächste Generation
Was wir ganz dringend brauchen,
ist ´ne Liebesrevolution!

Was sind Probleme?

Oft machen wir aus ´ner Mücke ´nen Elefant
Im Wahnsinn des Egos sind wir außer Rand und Band
Meist merken wir nicht, dass unsere Probleme keine sind
Denn andernorts stirbt alle zehn Sekunden ein Kind!

DANKBARKEIT

Anmerkung: Du bist traurig oder hast schlechte Laune?
Dann zähle mal drei Dinge auf, für die du dankbar bist!
Bestimmt fallen dir noch viel, viel mehr ein….
Und bestimmt geht es dir dann etwas besser! 😊

Ich freu mich über Kaffee früh am Morgen
und ein Kuss, der mich weckt
Ich freu mich über Brötchen,
die ein Konditor für mich bäckt

Ich freu mich über Sonnenstrahlen,
vom Himmel und von dir
Ich freu mich über lecker Essen
und ein kühles Bier

Ich freu mich über die Natur
Mann, was ist die schön
Ich freu mich über Regenwetter,
dadurch bleibt alles grün

Ich freu mich über dich und mich
Kein Zufall hier zu sein
Ich bin dankbar für mein Leben
Es gibt so viel Sonnenschein

Ich freu mich über eine warme Dusche
und auch ein warmes Bett
Ich freu mich über die Musik
und ein Liedstück im Duett

Ich freu mich über jede Umarmung
und ein Wiedersehn mit dir
Ich freue mich zu schreiben
- es ist mein Lebenselixier

Ich freu mich über meine Couch
und dort zum Fenster rauszuschaun
Ich freue mich zu lesen
und vor meinem Ofen aufzutaun

Ich freu mich über dich und mich
Kein Zufall hier zu sein
Ich bin dankbar für mein Leben
Es gibt so viel Sonnenschein

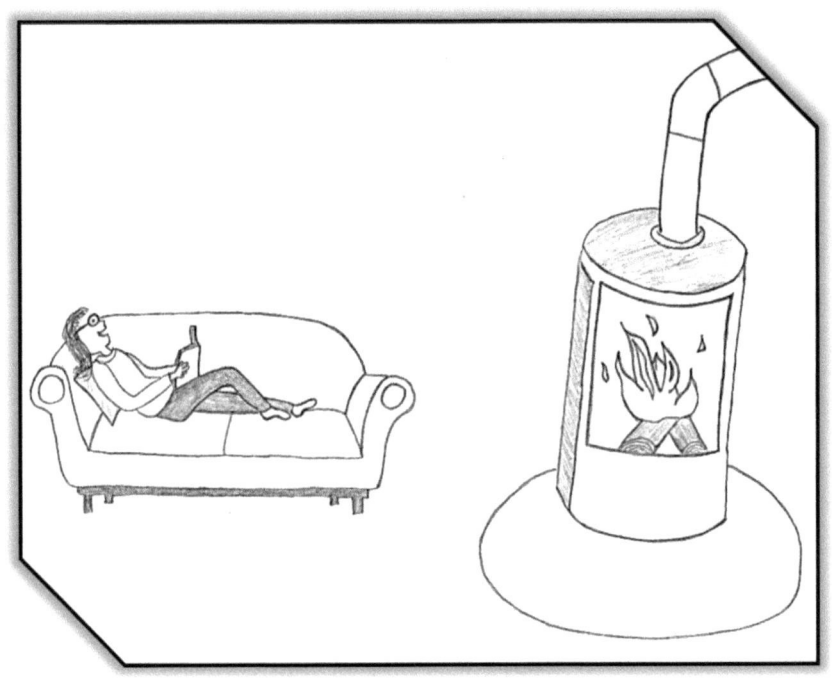

Ausgewogenheit

Anmerkung: Schön, dass wir uns über digitale Medien vernetzen können. Schön, dass wir genug Kleidung, Essen und Spielsachen haben. Aber oftmals ist weniger mehr; bzw. ein gutes Mittelmaß von allem zufriedenstellender!

Was früher einst zu wenig war, ist heute viel zu viel
Spielzeug, Kleidung, Reisen und süßes Eis am Stiel
Ist mir alles viel zu viel, das ist nicht meine Welt
Weniger ist für mich mehr; das ist was mir gefällt

Was früher einst zu klein war, ist heute viel zu groß
Essen, Häuser, Autos und die Party-Shows
Ist mir alles viel zu groß, das ist nicht meine Welt
Kleiner und feiner; das ist was mir gefällt

Was früher einst zusammen ging, ist heute viel zu einsam
Facebook, Twitter, WhatsApp und noch Telegram
Ist mir alles viel zu einsam, das ist nicht meine Welt
Mit Freunden rausgehn, lachen; das ist was mir gefällt

Weniger ist mehr

(Songtext)

Der Herbst ist angekommen
Die Blätter fallen vom Baum
Auch ich lass los, lass altes gehn,
verschaff mir Platz und Raum

Heut fliegt alles raus,
was ich nicht mehr brauch
Alte Bilder, Bücher, Platten
kommen aus´m Haus

Nix Neues muss her,
ich hab schon alles hier
Ich fühl mich wieder federleicht,
denn weniger ist mehr
Weniger ist mehr

Die Vögel ziehn nach Süden
Auch bei mir ist Land in Sicht
Zu vieles hat sich angestaut,
brauchs für die Freiheit nicht

Heut fliegt alles raus,
was ich nicht mehr brauch
Alte Bilder, Bücher, Platten
kommen aus´m Haus

Nix Neues muss her,
ich hab schon alles hier
Ich fühl mich wieder federleicht,
denn weniger ist mehr
Weniger ist mehr

Ich stell all die Sachen vor die Tür
Wer mag, kann sich was holen
Manch einer hat nicht viel
und freut sich dann mit mir

Stille Unendlichkeit

Mitternacht - ich schau zum Himmel rauf
Ich seh den Mond und ein schimmerndes Band
Das ist wohl der Milchstraßenverlauf

Da sind so unzählig viele Sterne über mir
Da ist so viel Raum - aber irgendwie Unendlichkeit
Eine Tiefe, in der ich mich verlier

Ich werde immer stiller und staune immer mehr
Die Weite des Horizonts spiegelt sich in mir als Lichtermeer
Ich fühl mich unendlich, voller Frieden und Licht
Ich lege mich schlafen und nehm dieses Gefühl mit,
bis der Morgen anbricht

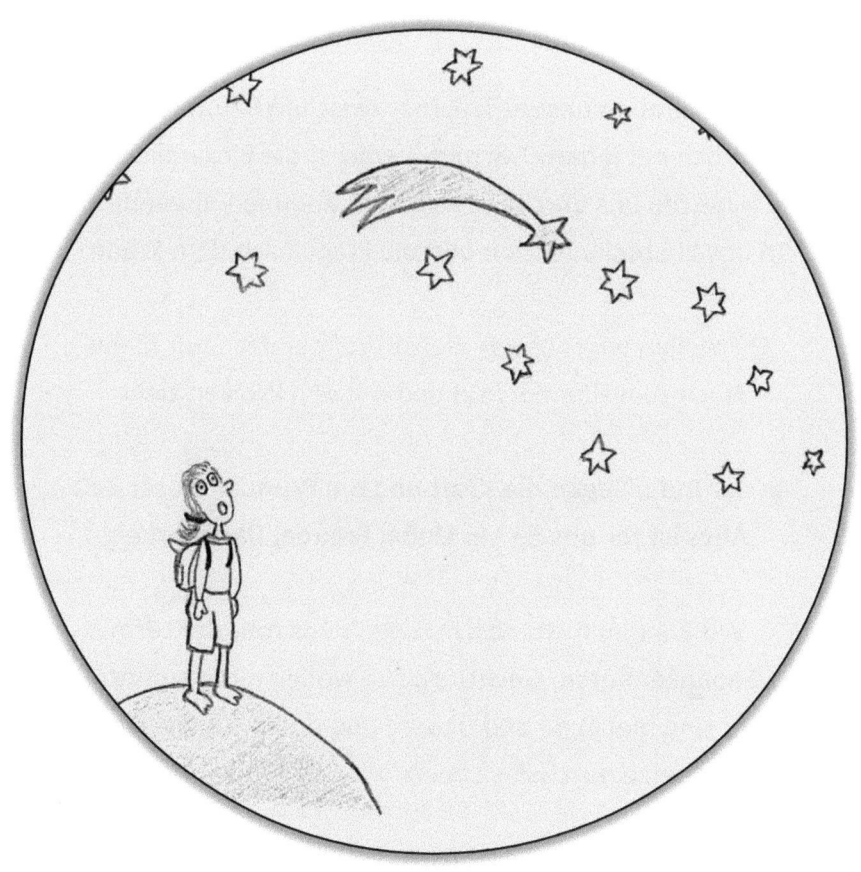

Fühle mit deinem göttlichen Kern,
leuchte wie der hellste Stern

Mit den Wolken ziehn

(Songtext)

Wir vergraben unsere Träume, zwischen Raum und Zeit
Doch mit jedem Tag mehr, wächst die Einsamkeit
Wir hetzen uns durchs Leben, aber kommen nirgends an
In uns bleibt die Illusion und die Frage nach dem Wann?

Oft wollen wir raus aus dieser Welt, einfach nur fliehn
Hoch zum Himmel rauf und mit den Wolken ziehn

In der Ruhe liegen die Kraft und die Wunder dieser Zeit
Alles ist für uns da - in Liebe, Freude, Dankbarkeit

Wir können nicht abschalten, in uns tobt der Lärm
Gedankenfluten, Gewitterblitze wollen nicht aufhörn
Wir sind hier & da und überall und doch ständig allein
Ein Gehetze durch das Leben, wie können wir da SEIN?

Oft wollen wir raus aus dieser Welt, einfach nur fliehn
Hoch zum Himmel rauf und mit den Wolken ziehn

In der Ruhe liegen die Kraft und die Wunder dieser Zeit
Alles ist für uns da - in Liebe, Freude, Dankbarkeit

Eines Tages …

Manchmal würd ich gern was verändern,
aber ich trau mich nicht
Ich seh zu viel Schatten und zu wenig Licht
Die Angst steht mir im Weg
- ich hab zu viel schiss
Doch eines Tages werd ich´s wagen,
das weiß ich ganz gewiss

Manchmal würd ich gern was verändern,
aber die Gewohnheit hält mich fest
Der Schweinehund in mir, der mich nicht verlässt
Die Bequemlichkeit macht sich breit
- meine Zone im Komfort
Doch eines Tages werd ich´s tun,
das nehm ich mir fest vor

Manchmal würd ich gern was verändern,
aber ich unterdrück was mein Herz mir sagt
Ich bin nicht wirklich glücklich und merk, wie´s an mir nagt
Mein Ego drängt sich dauernd dazwischen
- es gibt vor *ich* zu sein
Doch eines Tages werd ich mich,
von meinem Verstand befrein

Es gibt kein Richtig oder Falsch

Es gibt kein Richtig oder Falsch
Nur was dein Herz dir sagt
Drum tu, was du für richtig hältst
Lass los, was an dir nagt

Hab keine Angst vor Fehlern
Du hast nichts zu verliern
Du bist richtig, wie du bist
Hab Mut, was zu riskiern

Es gibt kein Richtig oder Falsch
Egal, was die andern sagen
Keine Seele gleicht der andern
Fang an Liebe rauszutragen

Vergleich dich nicht mit andern
Du bist einzigartig GROß
Du liebevolles WUNDERwerk
Du bist göttlich, grenzenlos

Nur du kennst deine Wahrheit
und du trägst sie in dir drin
Lass dir nichts erzähln,
denn du selbst weißt nur wohin!

Eines der schönsten Komplimente,
dass dir jemand machen kann,
ist wenn man dich fragt,
ob du deinen Verstand verloren hast! 😊

Kopf aus - Herz an

(Songtext)

Wie oft schon wolltest du Neues wagen?
Wie oft war´s dir egal, was andere sagen?
Wie oft hast du deine Zukunft kreiert?
Doch wie oft hast du dann nichts riskiert?

Und wie oft, wie oft, wie oft
hast du dich nicht getraut
Und wie oft, wie oft, wie oft
hast du andere motiviert,
nur an dich selbst nicht geglaubt!

Kopf aus - Herz an
Tu es jetzt und nicht irgendwann
Leg los - Start durch
Trau dich und fang zu leben an
Kopf aus - Herz an
Tu es Jetzt, Jetzt, Jetzt und nicht irgendwann

Wie oft schon wolltest du vor Freude tanzen?
Wie oft nutztest du deine besten Chancen?
Wie oft haben sich andere für dich entschieden?
Und wie oft ist dein Herz unterm Ego geblieben?

Und wie oft, wie oft, wie oft
hast du dich nicht getraut
Und wie oft, wie oft, wie oft
hast du andere motiviert,
nur an dich selbst nicht geglaubt!

Kopf aus - Herz an
Tu es jetzt und nicht irgendwann
Leg los - Start durch
Trau dich und fang zu leben an
Kopf aus - Herz an
Tu es Jetzt, Jetzt, Jetzt und nicht irgendwann

Du würdest gern so viel tun,
doch du schiebst alles vor dir her
Und je länger du drüber grübelst,
umso mehr fällt es dir schwer!

Kopf aus - Herz an
Tu es jetzt und nicht irgendwann
Leg los - Start durch
Trau dich und fang zu leben an
Kopf aus - Herz an
Tu es Jetzt, Jetzt, Jetzt und nicht irgendwann

Setz dich nicht immer so unter Druck!
Druck erzeugt immer genau das Gegenteil
von dem, was du möchtest!

Die besten Dinge

Die besten Dinge passiern in **Leichtigkeit**
Ohne Schwere und ohne Mühseligkeit

Die besten Dinge passiern im **Augenblick**
Der Moment, der dich leitet, hin zum Lebensglück

Die besten Dinge passiern in **Dankbarkeit**
In Zufrieden- und Besonnenheit

Die besten Dinge trägst du **in dir drin**
Glückwunsch; du bist dein größter Hauptgewinn!

Lass alles los, was du nicht mehr brauchst
und spür, wie du in neue Energie eintauchst!

Lös dich von Lasten und Zwängen

Befrei dich von deinen Ketten
und deinem selbsterbauten Knast
Lös dich von Zwängen,
die du dir selbst auferlegt hast

Werf die Lasten auf deinen Schultern endlich über Bord
Versink sie tief im Ozean und lass sie für immer dort

Befrei dich von Zwängen, von denen du dachtest,
dass du sie auf dich nehmen musst
Sei nicht so hart gegenüber dir selbst,
tausche FREUDE gegen deinen Ärger und Frust
………
In deinem Alltag werden andauernd
eine Menge Erwartungen an dich gestellt
Und andauernd
versuchst du diesen Erwartungen gerecht zu werden
- auch wenn dir so vieles nicht gefällt

Doch ganz tief in deiner Seele, da spürst du vielleicht
dass die einzig wirkliche Erfahrung, nur dir selber gleicht
Und zwar, dass du erkennst, wer du wirklich bist
Mit deinen Stärken und Talenten
und dass du tun willst, was du liebst, was auch immer es ist

Schau nicht auf die Fähigkeiten der andern,
sondern fokussiere die Deine
Jeder trägt einen Schatz in sich
- nur manchmal liegen darüber ein paar Steine
Auch du trägst einen Schatz in dir,
der ganz genau zu dir passt
Talente, Fähigkeiten, Eigenschaften
- wie nur du sie hast

Du wirst diesen Schatz finden,
indem du dich von deinen inneren Lasten & Zwängen befreist
und indem du deinem Leben mehr Flügel der Freude verleihst

Lasse deine Widerstände und deine inneren Kämpfe los
Visualisier deine Träume - sind sie auch noch so groß

Erzwinge nichts
und lasse dich von niemandem zu irgendwas drängen
Befrei dich endlich
von deinen Lasten und Zwängen

Horch in dich rein, was du wirklich willst
und wovor du mit Freude überquillst!

Sei stolz auf dich

Es gibt so vieles an dir, worauf du stolz sein kannst
Seh deine Stärken, Talente und Fähigkeiten
Und schön, wenn du manchmal aus der Reihe tanzt

Sei nicht so streng zu dir selbst,
denn diese Strenge hält dich klein
Sei toleranter gegenüber dir selbst,
und wenn du was nicht willst,
dann trau dich und sag auch mal „NEIN!"

Jede Fähigkeit, jede Stärke und jedes Attribut,
welches du in dir trägst,
hat etwas Großes zu bedeuten
Begreife deine Großartigkeit und hör auf,
deine Zeit mit Selbstzweifel zu vergeuden

GENAU SO wie DU BIST, SO bist du RICHTIG
Lös dich von verletzenden Glaubensmustern
aus der Vergangenheit
Sie sind passé - und für dein Sein im Jetzt nicht mehr wichtig

Jeder Tag und jeder Moment ist ein Neubeginn
und alles was du zum Glücklichsein brauchst,
findest du in dir drin

Pfeif darauf, was andere sagen
- es ist nicht dein Problem!
Sei wie ein Leuchtturm, groß und stark,
das darf jetzt jeder sehn!

SUPERKRAFT

(Songtext)

Du liegst am Boden, alles erscheint dir aussichtslos
Deine Kräfte sind am Schwinden und jeder stellt dich bloß
Du denkst es geht nicht weiter, siehst kein Ende in Sicht
Aus dir weicht der Hoffnungsschimmer und jede Zuversicht

Doch schau zurück ….
Da waren immer mal Wurzeln und Hürden und Steine
Da waren immer mal Tränen - große wie kleine
Schau zurück, du hast schon so viel geschafft
Und auch das hier wirst du meistern, mit deiner Superkraft

Bleib in der Liebe und bleib im Vertraun
Die Engel werden bei dir sein, dann kann dich nichts umhaun
Ja, auch das hier wirst du meistern
Du hast schon so viel geschafft
Glaub an dich und deine SUUUPERKRAFT!

Du bist ständig am Grübeln, auf der Suche nach dem Glück
Du hast so viele Fragen, doch keine Antwort kommt zurück
Und du denkst es geht nicht weiter, nichts mag vorwärts gehn
Du denkst niemand erhört dich, alles scheint still zu stehn

Doch schau zurück ….
Da waren immer mal Wurzeln und Hürden und Steine
Da waren immer mal Tränen - große wie kleine
Schau zurück, du hast schon so viel geschafft
Und auch das hier wirst du meistern, mit deiner Superkraft

Bleib in der Liebe und bleib im Vertraun
Die Engel werden bei dir sein, dann kann dich nichts umhaun
Ja, auch das hier wirst du meistern
Du hast schon so viel geschafft
Glaub an dich und deine SUUUPERKRAFT!

Vieles erscheint komplex
und wir wissen nicht warum
Erst später wird uns klar,
es war gut so, wie es war!

Sei nicht traurig!
Lass dich nicht verletzen!

Wenn du auf Menschen triffst, die dich mit Worten verletzen
Menschen, die mit Hass und Zorn gegen dich hetzen
So sei nicht traurig, nehm es dir nicht zu Herzen
Es sind ihre eigenen Ängste und ihre eigenen Schmerzen

Auch wenn es dir schwerfallen mag,
es nicht persönlich zu nehmen
Aber du bist nur wie ein Spiegel,
für ihre eigenen Problemthemen

Erkenne, dass ein JEDER Mensch
tief im Innersten voll Liebe ist
Nur manchmal kommt die Angst dazwischen,
die die Liebe auffrisst

Menschen, die bewusst sind, wählen die Worte des Friedens
Sie spüren ihre Vollkommenheit und die Kraft des Liebens

Habe Geduld und Mitgefühl für all jene Menschen,
bei denen sich die Angst vor die Liebe schiebt
Denn eines Tages wird ein jeder Mensch erkennen,
dass immer nur die Liebe siegt!

Schwäche = Stärke

Oft reden wir von Stärken und Schwächen
Aber hast du schon mal darüber nachgedacht,
dass man mit seiner „Schwäche",
meist auch ´ne Stärke entfacht?!

Damit du besser verstehst, was genau ich meine,
bekommst du folglich ein paar Beispielreime:

Ist jemand zurückhaltend und traut sich wenig zu reden,
so ist er doch meist dem Zuhörn oblegen

Ist jemand offen und redet sehr gern,
so sind tiefsinnige Gespräche bestimmt nicht fern

Ist jemand schüchtern und introvertiert,
so weißt du genau, dass nicht viel Geschrei passiert

Ist jemand wild und stürmischer Natur,
so kommt er meist ins Handeln und labert nicht nur

Ist jemand langsam und verträumt,
so ist er gewiss ein entspannter Freund

Ist jemand ungeduldig und hippelig,
so werkelt er meist sehr zielstrebig

Ist jemand gemütlich und bequem,
so lässt er ´nen Kuchen bestimmt für dich stehn

„Schwächen" sollten nicht immer
als „Schwächen" abgetan werden,
denn das ist ja alles relativ
Wer legt überhaupt fest, was eine Schwäche ist
und setzt diese ins Kollektiv?

Mache dir bewusst, dass „Schwächen" oftmals STÄRKEN sind!
NIEMAND kann alles!
Und alles, was DU an dir hast, ist genau für dich bestimmt!
So wie du bist; ob laut, wild, schüchtern oder leise
DU bist DU - eben auf deine Weise!

Sonne in mir

Heut liegt alles grau in grau
Keine Sonne eingebettet in Himmelsblau
Keine Strahlen, die wärmen - keine Sonne, die lacht
und auch kein Feuer, das aus mir entfacht

Ich fühl mich müde, träge, nicht motiviert
Das Draußen hat sich auch in meinem Innern plaziert
Ich würd gern was tun, doch ich fühl mich so lahm
Ich kann mich nicht aufraffen, nichts passt mir in den Kram

Ich leg mich aufs Sofa, blick zum Fenster raus
Ich gönn mir etwas Ruhe, zu all dem sonstigen Gebraus

Ich merk, es tut mir gut, mal gar nix zu tun
Einfach rumzuhängen und mich auszuruhn
Ich nehm den Moment an - so wie er ist
und stelle fest, hier drinnen ist´s gar nicht so trist

Hab nicht mehr das Gefühl, heut was zu verpassen
und ich spür, wie die grauen Farben in mir verblassen

Ich nehm den Moment an, fang an mich lebendig zu fühln
und immer mehr Freude und Farben in mir zu versprühn

Ich lass jegliche Kontrolle los und lass mich treiben
Ach, hier könnte ich noch Stunden bleiben

Ich verweile im Moment, ich lass das nix tun geschehn
Und sag mal, hast du auch grad die Sonne gesehn?!

Noch 3 Tage

Stell dir vor, du hättest nur noch 3 Tage zu leben
Was würdest du tun?
Wem oder was würdest du dich hingeben?

Stell dir vor, du hättest nur noch 3 Tage?
Was würdest du tun?
Stell dir mal diese Frage!

Bei mir ist heute dieser Tag drei
und mein Leben vorerst hier vorbei

Ich blick nochmal zurück, auf das was war
und auf einmal wird mir sehr viel klar…

Ich hab mich manchmal zu sehr gequält
Zu oft die Minuten an der Uhr gezählt
Unter Stress und Hektik zu viel erledigt
Zu selten „Nein" gesagt, zu oft „Ja" genickt

Häufig war mein Leben ein Abarbeiten,
anstatt ein Genuss
Es hatte zu viel Strenge und viel zu viel Muss!

Ach, das Leben ging so schnell vorbei

Und könnt ich nochmal zurück,
dann wär ich nur noch frei

Wenn ich jetzt nochmal könnt,
doch jetzt ist es zu spät...
Ach, ich sag dir,
was ich dann alles tät:

Ich hätte mehr Mut
und würde mehr riskiern
Hätte weniger schiss,
irgendwas zu verliern

Ich wär in vielem relaxter
und froher Natur
Toleranter, spontaner
und weniger stur

Ich würde mehr wagen,
auch was die Liebe betrifft
Ich würde dir schreiben,
ganz romantisch, auf Papier mit Stift

Ich würd nichts mehr drauf geben,
was die anderen sagen
Es würd mich nicht mehr störn,

über was sie alles klagen

......

Ich bin dankbar für mein Leben,
es war ´ne schöne Zeit
Und könnt ich nochmal zurück,
wär da noch mehr Freude und Lockerheit

Mann, was habe ich Zeit
mit zu viel Sorgen verplempert
Was hab ich genörgelt
und zu viel herumgestänkert

Wie oft wollte ich mehr,
anstatt dankbar zu sein
Wie oft tappte ich
in die Falle des Egos herein

Ich will jetzt nicht negativ sein
und mir Vorwürfe machen
Aber damit`s dir nicht so geht,
wünsch ich dir rechtzeitig aufzuwachen

Ich will dich nicht unter Druck setzen
Aber vielleicht fängst du an,
dein Leben noch mehr wertzuschätzen

und nicht mehr so getrieben
durch die Gegend zu hetzen

Vielleicht nimmst du vieles leichter
und hörst auf mit dem Geplage,
wenn du dir manchmal vorstellst,
du hättest nur noch 3 Tage!

Wegweiser

Wenn man etwas tut, sollte das WIE über dem WAS stehn,
hat mich ein Schlauer gelehrt
Auch sagte er:
„Der Weg ist das Ziel, und nicht umgekehrt!
Immer in sich hineinspüren, was einem guttut!
Chancen ergreifen, mit Vertrauen und Mut!„

Dort, wo dein Verstand nicht zuhause ist,
kannst du fühlen, wer du wirklich bist!

Leichtigkeit des Lebens

(Songtext)

Mitten in der Nacht bin ich aufgewacht
Ich hab von dir geträumt, du hast mich angelacht
Und wir zogen durch die Straßen von Berlin,
dann weiter mit dem Zug bis nach Wien

Keine Ängste, keine Zweifel, keiner der verletzt
Kein gestern oder morgen, nur im Hier und Jetzt
Kein hätte, aber, oder und warum
Einfach machen, nur aus Freude, ja genau darum!

Fühl die Leichtigkeit des Lebens & die Leichtigkeit des Seins
Du kannst alles, alles haben
Du kannst alles, alles ändern
Du kannst alles, alles, alles was du willst

Du raubtest mir die Worte und mein Verstand
Gabst mir tausend Gefühle und deine Hand
Und wir rannten durch die Parks von New York
Tanzten in den Clubs von Hollywood

Keine Ängste, keine Zweifel, keiner der verletzt
Kein gestern oder morgen, nur im Hier und Jetzt

Kein hätte, aber, oder und warum
Einfach machen, nur aus Freude, ja genau darum!

Fühl die Leichtigkeit des Lebens & die Leichtigkeit des Seins
Du kannst alles, alles haben
Du kannst alles, alles ändern
Du kannst alles, alles, alles was du willst

Es gibt kein zurück, die Vergangenheit war
Kannst tun oder lassen,
doch bitte fühl dich wunderbar!

Keine Ängste, keine Zweifel, keiner der verletzt
Kein gestern oder morgen, nur im Hier und Jetzt
Kein hätte, aber, oder und warum
Einfach machen, nur aus Freude, ja genau darum!

Fühl die Leichtigkeit des Lebens & die Leichtigkeit des Seins
Du kannst alles, alles haben
Du kannst alles, alles ändern
Du kannst alles, alles, alles was du BIST!

Spreng deine Grenzen
Alles ist möglich!

Lass dir nicht von andern sagen,
wie du zu sein oder auszusehen hast
Führe ein Leben, so wie es für dich selbst passt

Konzentrier dich auf dein Herz,
nicht auf das äußere Gerangel
Lenk deinen Fokus auf die Fülle,
nicht auf den Mangel

Alles ist möglich
Du kannst alles schaffen!
Glaub an dich,
fang an dich aufzuraffen!

Du bist ein WUNDER - du bist wie Magie
Alles ist möglich - leb deine Fantasie

Spreng deine Grenzen,
hör auf dich einzuschließen
Lass deine Blüte zur schönsten Pracht ersprießen
Du bist ein WUNDER - du bist wie Magie
Alles ist möglich - fühl deine Energie

Den Ausdruck höchster Spiritualität zu leben,
bedeutet,
sich dem Leben mit größter Freude hinzugeben! 😊

Rätsel zum Buch

Anbei noch ein kleines Kreuzworträtsel zum Buch.
Die grauen Felder ergeben von oben nach unten gelesen das Lösungswort.

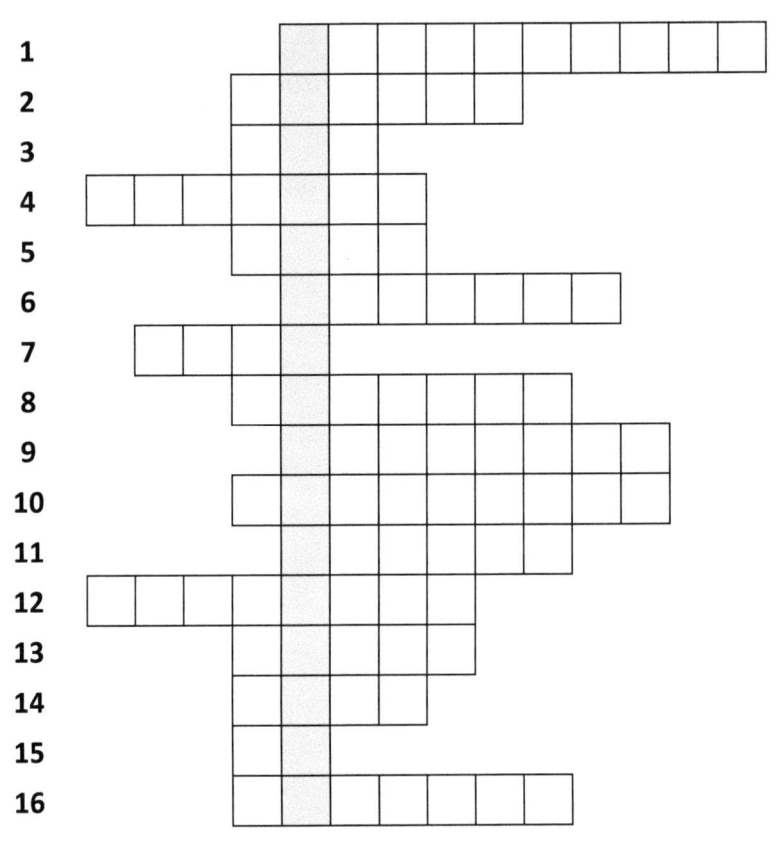

Lösungswort: _____

1. Sei wie ein ……
2. Tu, was du …..
3. Der … ist das Ziel.
4. Wenn du traurig bist, dann zähle mal ein paar Dinge auf, für die du …… bist.
5. Kopf aus - …. an!
6. Schwäche = ……
7. Wo lässt es sich am besten leben? Im …. und Jetzt!
8. Du bist …… - genau wie du bist!
9. …… auf die Liebe und das Universum
10. Widerstände …….
11. Löse dich von …… und Zwängen
12. Halt an deinen …… fest
13. Sei ….. auf dich!
14. Öfter mal leben wie ein ….
15. Make … Fake!
16. Vergleich dich nicht mit ……

Zweimal im Jahr (am 1. Januar und 1. Juli) findet hierzu eine Verlosung statt, wo du etwas Schönes gewinnen kannst. Schick mir dazu das richtige Lösungswort an: Leuchtturm2021@web.de

Viel Erfolg!

Hallo! Das bin ich.

Ich heiße Christine Reichel und wurde am 17.12.1986 in Bamberg geboren.

Heute lebe ich mit meinem Mann Klaus und unserem Sohn Toni in Hollfeld.

Das ist inmitten der schönen, idyllischen fränkischen Schweiz.

Ich habe einige Jahre als Physiotherapeutin gearbeitet. Doch aufgrund einer langen Krankheit musste ich meinen Beruf aufgeben. Schließlich habe ich angefangen sehr intensiv und allumfassend im gesundheitlichen Bereich zu recherchieren. Dieses Wissen habe ich dann im Praktischen an mir angewendet. Alles, was mir gesundheitlich weitergeholfen hat, sodass es mir heute wieder gut geht, habe ich in meine Bücher „Chemo - ein Mordsgeschäft" und „Antibiotika - Darmzerstörer Nr. 1" niedergeschrieben.

Dieses dir vorliegende Gedichtebuch ist ein Traum, den ich schon ganz lange habe, denn Gedichte schreibe ich bereits seit meinem 10. Lebensjahr. Umso mehr freue ich mich, dass dieser Traum wahr wurde und Du, liebe/r Leser/in, dieses Buch nun in Händen hältst!

Mir helfen meine Gedichte, um selbst ein noch dankbareres, bewussteres und froheres Leben zu führen.

Neben dem Schreiben liebe ich es viel Zeit mit meiner Familie zu verbringen, Fahrrad zu fahren und zu gärtnern.

Bilder mit Natur, Sport und Lyrik kannst du regelmäßig auf meinem Instagram-Account *christine.anna.reichel* einsehen. Noch schöner, wenn wir uns vielleicht einmal in echt kennenlernen. 😊

Gerne helfe ich dir weiter, so gut ich kann. Wenn du Fragen zu den Themen meiner Bücher hast, dann kannst du dich jederzeit bei mir melden.

Chemo - ein Mordsgeschäft

Bei einer Krebserkrankung steht der Patient oft alleine. Doktor, wodurch konnte sich der Krebs bei mir entwickeln? Doktor, gibt es neben der Chemo- und der Strahlentherapie noch andere Möglichkeiten in der Krebstherapie? Gibt es Alternativen? Auf diese Fragen bekommt der Patient von den Ärzten nur selten eine befriedigende Antwort.

Fragt er weiter nach, wird er im günstigsten Fall belächelt, im schlimmsten Fall angebrüllt. Die Krebsbehörden sind allesamt nicht an einem Heilmittel gegen Krebs interessiert, denn sie müssten all ihre Geschäfte einstellen. Allein der finanzielle Gewinn der amerikanischen Krebshilfe beträgt jährlich 400 Millionen Dollar. Von dem Geld, das die amerikanische Krebshilfe angeblich dafür ausgibt, um den Krebs zu bekämpfen, fließen 61% in Personalgehälter, Geschäftsreisen leitender Angestellter, Bürobedarf und andere Ausgaben. Tatsächlich kommen nur weniger als 5% wirklich der Patientenhilfe zugute. Sogenannten alternativen Therapien wird konsequent vorgeworfen, sie würden falsche Hoffnungen wecken. Auf der anderen Seite ist jedoch bekannt, dass seitens der Regierung die meisten falschen Hoffnungen geschürt werden. Denn bei konventionellen Therapien besteht lediglich eine Langzeit-Überlebensrate von winzigen 3%. Christine Reichel hat in diesem Kompendium viele alternative Heilmethoden zusammengetragen, so dass der Leser/Patient sich einen verständlichen Überblick verschaffen kann über die Vielfalt an alternativen Therapien, die bei einer Krebserkrankung in Frage kommen können. Der Patient kann sich aus diesem Angebot das heraussuchen, was für ihn passend und anwendbar ist. Hierbei können viele Therapien auch gleichzeitig oder in Kombination durchgeführt werden. Dieses Buch ist ein Muss für Ärzte, Heilpraktiker und letztendlich auch für die Betroffenen selbst, die oft allein gelassen werden und nicht wissen, was sie selbst tun und wie sie sich selbst helfen können, den Krebs zu besiegen.

- Jim Humble Verlag, Hardcover, 258 Seiten
- **ISBN: 9789088791680**

ANTIBIOTIKA -
Darmzerstörer Nummer 1

Die Entdeckung des Penicillins durch Alexander Fleming führte zu vielen Erfolgen im Kampf gegen bakterielle Infektionskrankheiten. Seit Jahrzehnten zeigen jedoch immer mehr Bakterienstämme erhöhte Widerstandskräfte - sog. Resistenzen - gegen sämtliche Antibiotika. Allein in Europa sterben jährlich 33.000 Menschen, aufgrund von multiresistenten Keimen.

Eine Zahl, die immer weiter voranschreitet, wenn nicht endlich erkannt wird, dass es mittlerweile - im 21. Jahrhundert - weitaus bessere "Antibiotika" gibt. Und zwar solche, die keine heftigen Nebenwirkungen und keine Resistenzen hervorrufen. JA, diese Mittel gibt es tatsächlich! Herkömmliche Antibiotika sind - neben Resistenzbildnern - der heftigste Darmzerstörer. Der größte Teil unserer Immunabwehr sitzt allerdings in einem gesunden Darm. Krankheiten wie Müdigkeit, Allergien, Depressionen und Autismus liegen fast immer in einem kaputten Darm. Welche grandiosen Mittel es gegen diese Krankheitsbilder gibt, und wie Sie Ihr Darmmilieu stärken können, erfahren Sie in diesem Buch.

- BoD, Taschenbuch, 456 Seiten
- **ISBN: 9783749471669**